Magic Cooking

TANJA DUSY

NUDELGLÜCK FÜR IMMER

DIE REZEPTKAPITEL:

Ein Hexenwerk? Ganz und gar nicht, denn ein paar wenige, aber aromastarke Zutaten und – simsalabim! – steht ein zauberhaftes Nudelgericht auf dem Tisch: Ganz einfach nachzukochen und garantiert mit Wow-Effekt!

Heiß geliebte Nudel- und Pasta-Gerichte mit dem magischen Geschmacks-Dreh: Hex, hex – und Klassikerrezepte wie Bolognese, Carbonara und Arrabbiata zeigen sich in ganz neuem Licht. Mit ein paar zauberhaften Kniffen wird der Nudeltopf ganz schnell zum Hexenkessel!

Ausgeklügelte Kreationen wie Orientnudeln mit Kichererbsen oder Rote-Bete-Nudeln mit Schafskäse sind genau das Richtige für echte Küchenmagier! Ein paar Zaubertricks und – schwuppdiwupp – bringen die raffinierten Texturen, Aromen und Zutatenkombinationen jede Geschmacksknospe auf wundersame Weise zum Prickeln!

Auf ins Land der Nudel-Magier! Wie die Rezepte auf wundersame Weise beinahe wie von selbst gelingen, zeigen dir **MAGISCHE TIPPS** und Tricks: Wie wird jede Sauce zu einer echten Geschmacksbombe (s. S. 14)? Wie gelingen perfekte Homemade-Eiernudeln (s. S. 34)? Und worin besteht das Geheimnis perfekt gegarter Nudeln (s. S. 54)?

PASTISSIMO!

Meine Zaubertricks für Nudeln, die glücklich machen

Wenn's hektisch zugeht, wünsche ich mir oft eine gute Fee, die Ärger weg- und leckeres Essen herzaubert. Oder ich nehme den Kochlöffel selbst in die Hand. Mit fix gekochter Pasta sorge ich dann – **SIMSALABIM** – im Handumdrehen wieder für gute Laune: Ein glücklich machender Teller Nudeln und der Tag ist gerettet!

Schon wieder Nudeln – diese Klage höre ich nie. Im Gegenteil: Super, endlich wieder ein heiß geliebter Klassiker oder eine Neukreation! Denn auch wenn »nur« Nudeln die Grundlage bilden, mit unterschiedlichen Zutaten und raffinierten Saucen lässt sich immer wieder **ÜBERRASCHENDES ZAUBERN**.

Italienische Pasta ist (fast) immer mein Vorbild: einfach, schlicht und schnörkellos gut. Nudeln bilden ganz selbstverständlich die Grundlage für wenige, dafür bestens kombinierte Zutaten, deren Geschmack unverfälscht glänzen darf. Tomaten, Sardellen, Oliven, Parmesan und andere typische Zutaten sind deshalb auch bei mir die absoluten Stars. Gerne pur, nach klassischer Rezeptur, aber manchmal auch mit einem **MAGISCHEN TWIST**.

Der Blick über den Tellerrand in andere Länderküchen ist inspirierend – nicht zuletzt, weil es in fremden Töpfen neue Nudeln zu entdecken gibt. Wie wär's mit Soba, Mie oder Udon? Klingt exotisch! Abrakadabra – blitzschnell kannst du mit diesen asiatischen Nudeln **NEUE GESCHMACKSWELTEN** erkunden.

Wenige Zutaten, kaum Zeit und trotzdem ein Happy Meal für alle – ist das möglich? Bei mir lernst du kleine **KNIFFE UND ZAUBERTRICKS**, mit denen du noch mehr Geschmack aus deinen Nudeln holen kannst. Du brauchst nur ein wenig Neugier und Abenteuerlust! So zauberst du mit Rote Bete mehr Farbe oder mit Gewürzen einen Hauch Orient in deine Nudeln. Sei gespannt!

GANZ PUR

TAGLIATELLE MIT THYMIANPILZEN

400 g möglichst große Kräuterseitlinge
1 große Tomate
1 Knoblauchzehe
5 Zweige Thymian
250 g (Vollkorn-)Tagliatelle
Salz
5 EL Olivenöl
Pfeffer
2 Msp. Chiliflocken
4 EL frisch geriebener Parmesan
–
Für 2 Personen
25 Min. Zubereitungszeit
Pro Portion ca. 880 kcal

IT'S MAGIC!

Wie die meisten Pilze bestehen Kräuterseitlinge zu gut 90 % aus Wasser. Damit sie beim Braten nicht sofort in der eigenen Brühe schwimmen, muss es richtig heiß hergehen: Pilze möglichst gut verteilt nebeneinander und nicht übereinander in die heiße Pfanne legen – und vor allem ohne Fett! Nur so kann austretendes Wasser sofort verdampfen. Ansonsten bildet sich ein Fett-Wasser-Gemisch, in dem die Kräuterseitlinge eher dünsten, statt zu braten.

1 Pilze sauber abreiben, Stiel und Hut jeweils quer in ca. 5 mm dicke Stücke schneiden. Tomate waschen, halbieren, Kerne und das weiche Innere mit einem Teelöffel entfernen, das Fruchtfleisch klein würfeln. Knoblauch schälen und quer in Scheiben schneiden. Thymian waschen, trocken schütteln, Blättchen abzupfen und grob hacken.

2 Die Nudeln nach Packungsanweisung in Salzwasser gerade bissfest garen. Währenddessen eine große beschichtete Pfanne erhitzen, darin die Pilze bei großer Hitze anbraten, zwischendurch wenden. Knoblauch, etwa zwei Drittel des Thymians und 2–3 EL Olivenöl zugeben, mit Salz, Pfeffer und Chiliflocken würzen und die Pilze so lange bei mittlerer Hitze weiterbraten, bis sie schön gebräunt sind.

3 Die Nudeln in ein Sieb abgießen, dabei das Kochwasser auffangen. Die Nudeln sofort zu den Pilzen in die Pfanne geben und einmal durchschwenken. 3–4 EL Kochwasser, das übrige Öl und den übrigen Thymian zugeben und alles gut durchschwenken, kurz ziehen lassen. Zuletzt die Tomate unterrühren, die Nudeln auf Teller verteilen und mit frisch geriebenem Parmesan servieren.

Mein Zaubertrick

für glänzenden Geschmack

Pilze entfalten ihr Aroma zwar auch beim Braten ohne Fett, doch so richtig lecker wird es erst, wenn nach kurzer Zeit etwas Öl oder Butter ins Spiel kommt: So können sich alle fettlöslichen (Röst-) Aromen voll entfalten und die Pilze glänzen appetitlich braun!

SPAGHETTI AGLIO E OLIO

250 g Spaghetti
Salz
1 Peperoncino (ital. lange Chilischote; nach Belieben)
6 Stängel Petersilie
2 Knoblauchzehen
5 EL Olivenöl
frisch geriebener Parmesan zum Servieren

–

Für 2 Personen
20 Min. Zubereitungszeit
Pro Portion ca. 680 kcal

1 Nudeln nach Packungsanweisung in Salzwasser gerade al dente garen. Inzwischen nach Wunsch Peperoncino längs halbieren, Kerne entfernen, beide Hälften fein hacken. Petersilie waschen, trocken schütteln, Blättchen abzupfen und grob zerschneiden. Knoblauch schälen und klein würfeln, alternativ grob hacken, mit einer Prise Salz bestreuen und mit der flachen Klinge eines Messers fein zermusen.

2 Öl in einer hohen Pfanne leicht erhitzen, Knoblauch und nach Wunsch Peperoncino zugeben und bei kleiner Hitze dünsten, bis er duftet, ohne dabei zu bräunen. Nudeln in ein Sieb abgießen, dabei das Kochwasser auffangen. 4–5 EL davon in die Pfanne geben, dann die Nudeln zugeben und gut 1 Min. in der Pfanne schwenken, dann die Petersilie untermischen und mit frischem Parmesan servieren.

IT'S MAGIC!

Erst wenn die Zellen des Knoblauchs verletzt werden, bildet sich die für Geschmack und Geruch verantwortliche Verbindung Allicin. Wird eine Zehe also stark gehackt oder gar zermust, wird viel Allicin und damit Knoblaucharoma frei – genau das, was an Spaghetti aglio e olio so toll ist! Im Öl verbinden sich die Aromen – simsalabim – herrlich knofelig mit den Nudeln.

PENNE PEPERONATA

je 1 große rote und gelbe Spitzpaprika
1 Knoblauchzehe
3 Sardellen (in Salzlake)
6 grüne Oliven (entsteint)
4 EL Olivenöl
250 g stückige Tomaten (Tetrapak)
Salz | Pfeffer
¼ TL getrockneter Majoran
250 g Penne
2 Spritzer Aceto balsamico (nach Belieben)
6 Stängel Petersilie
–
Für 2 Personen
35 Min. Zubereitungszeit
Pro Portion ca. 700 kcal

1 Paprika längs halbieren, putzen, waschen, die Hälften quer in ca. 5 mm dicke Streifen schneiden. Knoblauch schälen und grob würfeln. Sardellen kalt abbrausen, trocken tupfen und fein hacken. Oliven in Ringe schneiden oder nach Belieben klein hacken.

2 Das Olivenöl, die Sardellen und den Knoblauch in einen Topf geben und alles langsam unter Rühren erhitzen, bis die Sardellen sich aufgelöst haben und der Knoblauch angedünstet ist. Die Paprika zugeben und unter Rühren 2 Min. anbraten. Dann die Tomaten zugeben, durchrühren und mit Salz, Pfeffer und Majoran würzen. Zugedeckt 20–25 Min. bei kleiner Hitze schmoren lassen, dabei nach etwa der Hälfte der Zeit die Oliven zugeben.

3 Die Nudeln nach Packungsanweisung in Salzwasser al dente garen. Die Sauce währenddessen noch 5–8 Min. offen sämig einkochen lassen. Anschließend mit Salz, Pfeffer und evtl. 1–2 Spritzern Aceto balsamico abschmecken.

4 Die Petersilie waschen und trocken schütteln, die Blättchen abzupfen und klein schneiden. Die Nudeln in ein Sieb abgießen und abtropfen lassen, dann mit einem Großteil der Petersilie unter die Sauce mischen und kurz ziehen lassen. Auf Teller verteilen und mit übriger Petersilie bestreuen.

IT'S MAGIC!

Nudeln mit Tomatensauce lieben alle. Das Geheimnis ihres unwiderstehlichen Geschmacks: Tomaten enthalten natürliches Glutamat, das wir als besonders leckeren, vollen Geschmack – als umami – wahrnehmen. Und je länger die Sauce kocht, desto mehr umami wird sie. Bei kürzer gekochten Saucen lässt sich der Umami-Effekt mit eingelegten Sardellen boostern. Sie enthalten bestimmte Stoffe, die unsere umami-sensiblen Geschmacksknospen zusätzlich kitzeln. Simsa-Sardelle – schon schmeckt die Tomatensauce noch leckerer!

Niemals ohne

SAUCEN

DIE MISCHUNG MACHT'S

Nudeln pur machen zwar satt, doch zum wahren Nudelglück gehört Sauce. Die sollte allerdings nicht – wie hierzulande üblich – separat zu den Nudeln serviert werden. In Italien werden Nudeln gerade mal al dente gekocht und dann direkt in Topf oder Pfanne mit Sauce gemischt. Beim gemeinsamen Nachgaren nehmen die Nudeln Aroma an, gleichzeitig wird die Sauce durch die an den Nudeln haftende Stärke sanft gebunden und haftet so besser an der Pasta – eine geschmackvoll innige Verbindung, die bis zum letzten Bissen hält!

GANZ KONZENTRIERT

Der einfachste Zaubertrick für hocharomatische Saucen: einfach kochen lassen; denn wo viel Wasser verdunstet, bleibt am Ende hochkonzentrierter Geschmack. Das gilt insbesondere für lang Geschmortes wie z. B. eine Bolognese, wo sich bestimmte Geschmacksstoffe erst nach und nach freisetzen. Bei Fond und Sahne reicht kurzes Einkochen bei großer Hitze. Eine Tomatensauce hat schon nach gut 15 Minuten deutlich mehr aromatische Tiefe und eine bessere Konsistenz.

VOLL FETT

Butter, Sahne, Käse oder Olivenöl – damit sollte ausnahmsweise nicht gegeizt werden. Sie machen Saucen nicht nur mundschmeichelnd cremig, sondern sorgen auch dafür, dass sich bestimmte Aromen überhaupt entfalten können. So wären etwa Spaghetti »aglio« ohne »olio« geschmacklich nur die halbe Miete, da die im Knoblauch enthaltenen Sulfide teils wasser-, teils fettlöslich sind. Und nicht zu vergessen: Neben Fett enthält Olivenöl selbst verschiedenste Aromen, die spannende Geschmacksnuancen bringen.

EXTREM LECKER

Auch hier sitzen die wahren Saucen-Magier offensichtlich in Italien: Lang geschmorte Tomaten, geräucherter Schinken oder Speck, Sardellen, Oliven und Kapern oder ein Topping aus gereiftem Parmesan bringen reichlich Umami-Geschmack in jede Sauce. Auch wenn dieser fünfte Geschmack, der sich mit »lecker« oder »voll(aromatisch)« übersetzen lässt, in Japan entdeckt wurde – viele typische Zutaten der italienischen Pasta-Küche enthalten reichlich natürliches Glutamat. Dieser Geschmacksverstärker sorgt genau wie sein künstliches Pendant in bestimmten Würzsaucen dafür, dass alles extrem lecker – eben umami – schmeckt.

SPAGHETTI MIT PESTO ROSSO SOFFRITTO

IT'S MAGIC!

Wenn's schnell gehen soll, schmeckt das Pesto auch mal ohne Soffritto, denn getrocknete Tomaten und Parmesan sorgen bereits für reichlich Umami-Effekt. Auch das Dünsten von Sellerie und Möhre bei niedriger Hitze setzt auf fast magische Weise Umami-Geschmack frei. Dazu gesellt sich eine herrlich tiefe Süße durch das langsame Karamellisieren des enthaltenen Zuckers.

FÜR DAS SOFFRITTO:
200 g Zwiebeln
120 g Möhren
150 g Staudensellerie
10 EL Olivenöl
2 Knoblauchzehen
1 Zweig Rosmarin

FÜR DAS PESTO:
15 g Basilikum
50 g getrocknete Tomaten (in Öl)
20 g geröstete Mandeln (Fertigprodukt)
60 ml Olivenöl
40 g frisch geriebener Parmesan
Salz | Pfeffer

AUSSERDEM:
250 g Spaghetti

–

Für 2 Personen
35 Min. Zubereitungszeit
Pro Portion ca. 1.485 kcal

1 Für das Soffritto Zwiebeln und Möhren schälen und putzen, Sellerie waschen und putzen. Alles getrennt 4–5 mm groß würfeln. Die Zwiebeln in 7 EL Öl in einer Pfanne erhitzen und ca. 5 Min. dünsten. Sellerie und Möhren zugeben. Ca. 45 Min. bei kleiner Hitze dünsten, ohne dass das Gemüse bräunt, dabei

ca. alle 10 Min. durchrühren. Falls nötig, zwischendurch 1–2 EL Wasser und restliches Öl zugeben.

2 Knoblauch schälen, in Scheiben schneiden und unter das Gemüse rühren. Rosmarin waschen und im Ganzen unterrühren. Alles weitere 30–40 Min. garen, bis das Gemüse weich und glänzend karamellisiert ist. Abkühlen lassen, Rosmarin herausfischen.

3 Für das Pesto Basilikum waschen, Blätter abzupfen und abtrocknen. Tomaten grob zerschneiden. Beides mit 3 EL Soffritto, Mandeln und Olivenöl fein pürieren. Parmesan untermischen und mit Salz und Pfeffer abschmecken.

4 Spaghetti nach Packungsanweisung in Salzwasser al dente garen, abgießen, dabei das Kochwasser auffangen. 2–3 EL davon mit dem Pesto mischen. Pesto mit den Nudeln mischen und servieren.

Meine fantastische Idee

für den Vorrat

Das restliche Soffritto verzaubert auch jede Tomaten-, Hackfleisch- oder Salsiccia-Sauce! Einfach ein paar Löffel unterrühren und mitgaren. In ein verschließbares Glas gefüllt hält es im Kühlschrank eine Woche, ansonsten einfach in kleinen Portionen einfrieren.

PASTA ALLE BRICIOLE MIT FENCHEL

2 kleine Knollen Fenchel
2 EL Zitronensaft
5 EL Olivenöl
Salz
2 EL Ouzo (Anis-Aperitif)
250 g Casarecce
1 helles Brötchen (vom Vortag)
1 Knoblauchzehe
1 Peperoncino (ital. lange Chilischote)
2 Zweige Thymian

AUSSERDEM:
Blitzhacker

–

Für 2 Personen
25 Min. Zubereitungszeit
Pro Portion ca. 875 kcal

1 Fenchel waschen, putzen, längs vierteln und den Strunk so wegschneiden, dass die Spalten gerade noch zusammenhalten, Fenchelgrün beiseitelegen. Zitronensaft mit 2 EL Öl in einer Pfanne verrühren und salzen. Fenchel mit einer Schnittseite nach unten einlegen und bei kleiner Hitze ca. 20 Min. zugedeckt schmoren lassen, bis er gerade noch etwas Biss hat. Dann Ouzo zugeben und den Fenchel bei mittlerer bis großer Hitze braten, bis er unten leicht goldbraun karamellisiert ist.

2 Währenddessen Nudeln nach Packungsanweisung in Salzwasser al dente garen. Gleichzeitig das Brötchen grob zerschneiden und im Blitzhacker zu nicht zu feinen Bröseln zermahlen. Knoblauch schälen und fein würfeln, Peperoncino längs halbieren, Kerne und Trennwände entfernen, waschen und fein würfeln. Thymian waschen, trocken schütteln, Blättchen abzupfen und hacken. Fenchelgrün fein hacken.

3 Übriges Öl in einer beschichteten Pfanne erhitzen, darin den Knoblauch andünsten. Chili, Brötchenkrümel und Thymian unterrühren und alles unter Rühren rösten, bis die Brötchenkrümel goldbraun sind. Den Fenchel in Spalten zerteilen. Nudeln in ein Sieb abgießen, abtropfen lassen und mit Fenchel und Fenchelgrün in die Pfanne zu den Bröseln geben. Alles durchmischen und servieren.

Meine Prise Magie

in diesem Rezept

Pasta alle briciole war ein Arme-Leute-Essen, bei dem geröstete Brotbrösel und Pasta gemischt werden. Die Knusperknäuschen sorgen beim Kauen für Überraschungen – vor allem, wenn noch etwas Schärfe und Thymianaroma dazukommen.

Meine Zauberformel

für schnelle Pasta

Nicht ganz so klassisch: der Fenchel. Wenn's flink gehen soll, lässt sich auch mit 2–3 EL Oliven, ein paar Stückchen Ölsardine, gehackten Sardellen oder zerkleinerten, in Öl eingelegten Tomaten eine tolle Pasta alle briciole zaubern!

LINGUINE MIT GORGONZOLA-SAUCE

100 g Gorgonzola
1 Schalotte
150 g Knollensellerie
1 Stange Staudensellerie
4 EL Walnusskerne
2 EL Butter
Salz | Pfeffer
3 EL trockener Weißwein
100 ml Gemüsebrühe
150 g Sahne
250 g Linguine (ersatzweise Spaghetti)
2 Spritzer Zitronensaft
–
Für 2 Personen
25 Min. Zubereitungszeit
Pro Portion ca. 1.160 kcal

IT'S MAGIC!

Blauschimmelkäse, Sellerie und Walnüsse – warum passt diese eher außergewöhnliche Paarung so perfekt? Weil zwischen ihnen – wie in einer guten Liebesbeziehung – einfach die Chemie stimmt. Alle drei enthalten bestimmte übereinstimmende (Schlüssel-)Aromen, die sie auf magische Weise harmonisch vereint – das merken wir garantiert schon beim ersten Biss!

1 Gorgonzola in Würfel schneiden. Schalotte schälen und fein würfeln. Knollensellerie schälen, waschen und in 5 mm große Würfel schneiden. Staudensellerie waschen, putzen, dabei etwas Grün beiseitelegen, die Stange längs halbieren und in 5 mm dicke Stücke schneiden.

2 Walnüsse in einer Pfanne ohne Fett rösten, bis sie duften und leicht bräunen, dann herausnehmen, abkühlen lassen und grob hacken. Butter in der Pfanne bei mittlerer Hitze schmelzen, darin die Schalotte goldgelb dünsten. Selleriewürfel und -stücke zugeben, salzen, pfeffern und unter Rühren 3 Min. mitdünsten, dann mit Wein ablöschen und diesen vollständig verkochen lassen. Brühe und Sahne zugießen und das Gemüse zugedeckt bei kleiner Hitze 6–8 Min. garen. Gleichzeitig die Nudeln in Salzwasser nach Packungsanweisung al dente garen.

3 Gorgonzola unter die Sauce rühren und alles bei mittlerer Hitze offen 2–3 Min. leicht einkochen lassen. Mit Salz, Pfeffer und 1–2 Spritzern Zitronensaft abschmecken. Inzwischen Selleriegrün fein zerschneiden, Nudeln abgießen und abtropfen lassen. Nudeln mit einem Großteil Selleriegrün und Walnüssen unter die Sauce rühren und kurz ziehen lassen. Auf Teller verteilen und mit übrigen Nüssen und Selleriegrün bestreut servieren.

Meine Prise Magie

für mehr Spannung

»Flavour Pairing« – das ist die Kombination bestimmter Aromen für Harmonie auf dem Teller und sorgt für ganz viel Spannung. Bei der Textur darf es dagegen etwas Kontrast geben: Cremig-weich gegarter, süßlicher Knollensellerie, mild schmeckender, festerer Staudensellerie und leicht grasig schmeckendes Selleriegrün sorgen für Spannung hoch drei!

GANZ KLASSISCH

PENNE ALL'ARRABBIATA

1 Dose geschälte Tomaten (400 g)
1 Knoblauchzehe
1 Peperoncino (ital. lange Chilischote)
3 Stängel Petersilie
4 EL Olivenöl
75 ml Weißwein (nach Belieben)
Salz | Pfeffer
250 g Penne
Zucker
–
Für 2 Personen
35 Min. Zubereitungszeit
Pro Portion ca. 705 kcal

1 Tomaten in der Dose mit einem großen Messer kleiner schneiden. Knoblauch schälen und grob würfeln. Peperoncino waschen, Stiel wegschneiden und von oben bis etwa zur Mitte in dünne Ringe schneiden. Petersilie waschen, trocken schütteln, Blättchen abzupfen, Stiele fein hacken.

2 Das Olivenöl in einem Topf erhitzen, darin die Knoblauchzehe bei mittlerer Hitze langsam andünsten. Die Petersilienstiele und Peperoncinoringe zugeben und kurz mitdünsten, dann nach Belieben mit Weißwein ablöschen und diesen fast vollständig einkochen lassen. Die Tomaten samt Saft zugeben und mit Salz und Pfeffer würzen.

3 Offen bei kleiner Hitze ca. 25 Min. köcheln lassen, dabei zwischendurch die Tomaten leicht mit einer Gabel zerdrücken. Währenddessen übrigen Peperoncino in Ringe schneiden, Petersilienblättchen grob zerschneiden und die Nudeln nach Packungsanweisung in Salzwasser gerade bissfest garen.

4 Die Sauce mit Salz, Pfeffer und 1–2 Prisen Zucker abschmecken. Dann nach Belieben übrige Peperoncinoringe zugeben und weitere 2–3 Min. garen. Nudeln abgießen, abtropfen lassen und sofort mit der Sauce im Topf mischen, 1–2 Min. ziehen lassen, dann Petersilie untermischen und heiß servieren.

IT'S MAGIC!

Chilis brennen, denn der für Schärfe verantwortliche Stoff Capsaicin reizt dieselben Nerven der Mundschleimhaut, die aktiviert werden, wenn wir zu heiße Suppe löffeln. Weil Capsaicin nicht wasserlöslich ist, hilft Trinken nicht. Mit Fett und Alkohol (z. B. Olivenöl und Weißwein) geht der scharfe Stoff dagegen eine Verbindung ein, die die Schärfe mildert. Um sie noch genauer lenken zu können, gare ich erst die eine Hälfte Chili mit, die zweite kommt später nach Belieben dazu. Sie bringt neben feurigem Reiz frische, grasige Aromanoten, die bei längerem Garen verfliegen.

NUDELN MIT SCHINKEN-SAHNE-SAUCE

100 g TK-Erbsen
1 Schalotte
100 g gekochter Schinken (in zwei Scheiben geschnitten)
1 gute Handvoll Kerbel
250 g Volanti (ersatzweise Farfalle)
Salz
2 EL Butter
¾ TL Dijon-Senf
75 ml Wein (ersatzweise Gemüse- oder Fleischbrühe)
150 g Sahne
Pfeffer
2 EL frisch gepresster Zitronensaft
2 EL frisch geriebener Parmesan

–

Für 2 Personen
25 Min. Zubereitungszeit
Pro Portion ca. 885 kcal

1 Erbsen leicht antauen lassen. Schalotte schälen und fein würfeln. Schinken in etwa 1 cm große Würfel schneiden. Kerbel waschen, trocken schütteln und grob zerschneiden. Nudeln nach Packungsanweisung in Salzwasser al dente garen.

2 Währenddessen Butter in einer Pfanne zerlassen, darin die Schalotte bei mittlerer Hitze goldgelb andünsten. Schinken zugeben und unter Rühren 1 Min. mitbraten, dann den Senf und die Erbsen zugeben und alles 1–2 Min. unter Rühren andünsten. Mit Wein oder Brühe ablöschen und die Flüssigkeit fast vollständig einkochen lassen. 5–6 EL Nudelkochwasser zugeben und einkochen lassen, dann die Sahne zugeben und 3–5 Min. bei mittlerer Hitze sämig einkochen lassen. Mit Salz, Pfeffer und 1–2 EL Zitronensaft abschmecken.

3 Nudeln abgießen, dabei das Kochwasser auffangen. 1–3 EL davon unter die Sauce rühren. Nudeln, einen großen Teil Kerbel und Parmesan zu der Sauce geben und alles gut mischen. 1–2 Min. in der Sauce ziehen lassen, dabei mehrmals durchrühren. Auf Teller verteilen und mit restlichem Kerbel bestreuen.

Meine Zauberformel

für mehr Sämigkeit

Wie bei einer Carbonara binden 2 Eigelb (M) die Sauce stärker. Dazu Sahne mit Eigelben verquirlen. Erbsen mit 2–3 EL mehr Nudelkochwasser garen, Hitze reduzieren. Die Sahnemischung zugeben und unter Rühren langsam erhitzen, bis die Sauce cremig eindickt. Sollte sie zu dick geraten, noch etwas Nudelkochwasser unterrühren.

RIGATONI ALLA NORMA

350 g Auberginen
Salz
2 Knoblauchzehen
3 Stängel Basilikum
150 ml Olivenöl
400 g passierte Tomaten (passata di pomodoro)
¼ TL getrockneter Oregano
Pfeffer
125 g Burrata (ersatzweise Büffel-Mozzarella)
Zucker
250 g Rigatoni
–
Für 2 Personen
35 Min. Zubereitungszeit
60 Min. Ruhen
Pro Portion ca. 1.410 kcal

1 Auberginen in 1 cm dicke Scheiben schneiden, je nach Größe vorher halbieren oder vierteln, salzen, in ein Sieb geben und 30–60 Min. in Wasser ziehen lassen. Kalt abbrausen und trocken tupfen.

2 Den Knoblauch schälen und würfeln. Das Basilikum waschen und trocken schütteln. Knoblauch in 2 EL Öl bei mittlerer Hitze andünsten. Die Tomaten und 1 Stängel Basilikum zugeben, mit Oregano, Salz und Pfeffer würzen und offen 10–15 Min. köcheln lassen. Inzwischen Burrata abgießen, trocken tupfen und in gröbere Stücke schneiden.

3 Inzwischen in einer hohen Pfanne die Auberginen mit etwa der Hälfte des übrigen Öls bei mittlerer bis großer Hitze beidseitig braun braten, herausnehmen, auf Küchenpapier legen, salzen und pfeffern. Öl nachgießen und die zweite Hälfte der Auberginen braten, warm halten. Die erste Lage Auberginen unter die Sauce rühren, dabei Basilikum entfernen. Offen weitere 10 Min. köcheln lassen, dann mit Salz, Pfeffer und 1–2 Prisen Zucker abschmecken. Übrige Basilikumblätter grob zerzupfen.

4 Währenddessen Rigatoni nach Packungsanweisung in Salzwasser al dente garen. In ein Sieb abgießen, dabei das Kochwasser auffangen. Nudeln mit der Sauce mischen, bei Bedarf wenig Kochwasser unterrühren. Auf Teller verteilen, die zurückgelegten Auberginenscheiben, Burratastücke und Basilikumblätter darauf verteilen.

IT'S MAGIC!

Ganz schön viel Öl, denkt sicher der eine oder die andere. Doch in diesem Fall ist es nicht nur Brathilfe, sondern wesentliche, aromatische Zutat: Erst im Öl entfalten sich die fettlöslichen Aromastoffe der Aubergine und verwandeln das geschmacksneutrale Gemüse in eine buttrig-nussig schmeckende Köstlichkeit. Aber auch die aromatischen Bitterstoffe des Öls selbst geben der Tomatensauce eine besondere, herb-fruchtige Note – darum am besten richtig gutes, kalt gepresstes (natives) Öl verwenden.

IT'S MAGIC!

Wie lassen sich Eigelb, Speck und Käse in eine cremige Sauce verwandeln? Die magische Zutat für eine klassische Carbonara ist simples (Nudelkoch-) Wasser. Nicht mehr, aber auch nicht zu wenig oder gar zu heiß. Bei zu wenig Wasser verbinden sich die Eiproteine zu schnell, wenn es in der Pfanne erhitzt wird. Statt Sauce gibt es dann Nudeln mit Rührei – genau wie bei zu heißem Nudelwasser. Damit das nicht geschieht, lautet das Zauberwort »Rühren«, denn werden die Nudeln kräftig bewegt, haben die Eiproteine keine Chance zu verklumpen.

SPAGHETTI ALLA CARBONARA MIT BOHNEN

Salz
200 g gepalte Dicke Bohnen (frisch oder TK)
80 g nicht zu magerer Räucherspeck (vom Metzger in 5 mm dicke Scheiben schneiden lassen)
1 kleine Zwiebel
4 frische Eigelbe (M)
30 g frisch geriebener Pecorino
50 g frisch geriebener Parmesan
schwarzer Pfeffer
250 g Spaghetti

–

Für 2 Personen
25 Min. Zubereitungszeit
Pro Portion ca. 915 kcal

1 Wasser in einem Topf aufkochen, salzen, Bohnenkerne zugeben und ca. 5 Min. garen. In ein Sieb abgießen, kalt abschrecken und abtropfen lassen. Währenddessen Speck quer in feine Streifen schneiden. Zwiebel schälen und in feine Streifen schneiden. Eigelbe in einem Schälchen mit einer Gabel verquirlen. Pecorino und 20 g Parmesan unterrühren und mit Pfeffer würzen. Die Nudeln nach Packungsanweisung in Salzwasser gerade al dente garen.

2 Gleichzeitig den Speck in einer hohen Pfanne bei mittlerer Hitze langsam leicht knusprig braten, dabei aufpassen, dass er nicht zu dunkel bräunt. Aus der Pfanne nehmen und auf Küchenpapier abtropfen lassen. Zwiebel ins heiße Fett geben und bei mittlerer Hitze goldgelb und weich dünsten. Bohnen unterrühren und auf kleinster Stufe zugedeckt warm halten.

3 Nudeln in ein Sieb abgießen und abtropfen lassen, dabei das Kochwasser auffangen. 3 EL davon mit der Eier-Käse-Mischung verrühren. Spaghetti mit 2–3 EL Kochwasser in die Pfanne zu den Bohnen geben und gut durchschwenken. Eier-Käse-Mischung darübergießen und bei kleinster Hitze gut vermengen, bis die Eiermasse cremig angedickt ist. Gerät sie zu dick und trocken, noch mal kräftig etwas Nudelwasser unterrühren. Speck unterheben. Vor dem Servieren mit übrigem Parmesan bestreuen und mit Pfeffer übermahlen.

MALTAGLIATI MIT SALSICCIA-BOLOGNESE

FÜR DIE PASTA:
200 g Weizenmehl Tipo 00 (ersatzweise Type 405 oder 550)
2 Eier (M)
Salz
1 EL Olivenöl

FÜR DIE BOLOGNESE:
300 g rohe Salsicce (ital. Bratwurst)
1 kleine Möhre
1 Stange Staudensellerie
1 Zwiebel
1 Knoblauchzehe
2 EL Olivenöl
1 EL Tomatenmark
75 ml Rotwein (nach Belieben)
1 Dose stückige Tomaten (400 g)
1 Lorbeerblatt
Salz | Pfeffer
–
Für 2 Personen
1 Std. 15 Min. Zubereitungszeit
Pro Portion ca. 1.175 kcal

1 Für die Maltagliati Mehl auf eine Arbeitsfläche geben, eine Mulde eindrücken. Eier, 2–3 Prisen Salz und Öl hineingeben. Eier mit einer Gabel verquirlen und nach und nach Mehl von außen einrühren. Sobald die Masse fester wird, von Hand durchkneten, dabei, falls nötig, tropfenweise kaltes Wasser zugeben. Gut 10 Min. kräftig kneten, bis ein geschmeidiger Teig entstanden ist. In Frischhaltefolie wickeln und 30 Min. ruhen lassen.

2 Inzwischen Salsicce aufschlitzen, das Brät aus der Pelle lösen und klein schneiden. Möhre schälen und putzen, Sellerie waschen und putzen. Beides in knapp 5 mm große Würfel schneiden. Zwiebel und Knoblauch getrennt schälen und fein würfeln.

3 Öl in einem Topf erhitzen, darin die Zwiebel goldgelb dünsten. Möhre, Sellerie und Knoblauch zugeben und 3–4 Min. mitdünsten. Dann die Wurst unterrühren und bei mittlerer bis großer Hitze braten, bis sie leicht bräunt und Fett austritt. Tomatenmark zugeben und kurz unter Rühren anrösten. Mit Wein (ersatzweise Wasser) ablöschen und diesen fast vollständig verkochen lassen. Tomaten und Lorbeerblatt unterrühren, salzen und pfeffern. Zugedeckt 30 Min. bei kleiner bis mittlerer Hitze garen. Anschließend weitere 20–30 Min. offen einkochen lassen.

4 Inzwischen Nudelteig vierteln. Die Viertel nacheinander auf einer leicht bemehlten Arbeitsfläche so dünn wie möglich (1–2 mm) ausrollen, die anderen

Viertel zwischenzeitlich abdecken, damit sie nicht austrocknen. Den Teig mit einem Messer oder Teigrädchen in 2 cm breite Streifen und diese in 3–4 cm lange Stücke schneiden. Wasser aufkochen, salzen, Nudeln hineingeben und 1–3 Min. garen, dann abgießen und abtropfen lassen, dabei etwas Kochwasser auffangen. Eventuell ein paar Esslöffel Kochwasser unter die Sauce rühren, dann die abgetropften Nudeln mit der Sauce mischen.

Meine Zauberidee

für schnelle Bolognese

Hexen kann ich zwar nicht, aber meine Salsiccia-Bolognese gelingt in knapp der Hälfte der Zeit, die eine klassische Bolognese schmoren muss. Trotzdem hat sie durch das stufenweise Anbraten einen vollen Geschmack. Dieser kann je nach verwendeter Salsiccia-Sorte noch leicht beeinflusst werden: Nimm statt normaler Salsiccia einfach mit Fenchel gewürzte oder (chili)scharfe!

Do it yourself

EIERNUDELN

ECHTE HANDARBEIT

Nudeln selber machen? Eigentlich kein Hexenwerk. Aus Mehl, Wasser, Eiern und ein wenig Salz lässt sich ganz einfach ein fantastischer Teig zaubern. Nicht mal eine Nudelmaschine brauchst du, sondern nur ein wenig Know-how, ausreichend Zeit und ein ganz kleines bisschen Muskelkraft.

HART ODER ZART

Italienische Pasta besteht meist nur aus Hartweizenmehl und Wasser. Im Gegensatz zum Weichweizenmehl enthält Mehl aus Hartweizen (Durumweizen) mehr Gluten. Dieses Klebereiweiß entwickelt in Verbindung mit ausreichend Wasser ein stabiles, gut vernetztes Teiggerüst, das den Teig dehnbar und elastisch macht. Das fehlende Klebereiweiß bei hierzulande gängigem (Weich-)Weizenmehl (Type 405 oder 550) lässt sich allerdings mit einem einfachen Kniff ausgleichen: Man nehme einfach ein Ei oder zwei oder drei… Hier gilt die Faustregel: pro 100 g Mehl ein Ei!

NUDELN MIT BISS

In Eiern enthaltenes Protein wirkt mit dem Klebereiweiß des Weizens zusammen und ergibt einen wunderbar geschmeidigen Teig. Er lässt sich im Gegensatz zu reinem Wasser-Hartweizen-Teig sogar wesentlich leichter kneten und verarbeiten! Und beim Garen der Nudeln ist Ei im Teig dann doppelt Trumpf. Wie wir es vom Eierkochen kennen, wird Eiweiß bei Hitze über rund 70° fest. Das sorgt für eine schön kernige, feste Textur, die al-dente-gegarter Hartweizenpasta in nichts nachsteht.

DAS RECHTE MASS

Maßangaben sind als praktischer Richtwert sinnvoll. Aber Eier können selbst innerhalb einer Gewichtsklasse mehr oder weniger Flüssigkeit enthalten – selbst die Feuchtigkeit des Mehls oder der Luft spielt eine Rolle, wie der Teig letztlich gerät. Hier vertraue ich auf mein Gefühl und meine Sinne. Erst wenn der Teig sich gut kneten lässt, weder klebrig feucht noch bröselig trocken ist, weiß ich: perfekt, passt so. Ansonsten einfach noch etwas mehr Wasser, Mehl oder evtl. einen Löffel Öl zugeben – ganz einfach, ganz nach Gefühl.

IN DER RUHE LIEGT DIE KRAFT

Haben sich alle Zutaten erst einmal verbunden, heißt es kräftig kneten. Erst nach 10–15 Minuten vernetzt sich das enthaltene Klebereiweiß. Danach heißt es Ruhen – gut 30 Minuten brauchen die stark gedehnten und verknäulten Proteine, um sich wieder zu entspannen und einen festen und gleichzeitig elastischen Teig zu bilden.

RINDFLEISCH LO MEIN

250 g Rindersteak
1 Knoblauchzehe
3 ½ EL Sojasauce
5 EL Pflanzenöl zum Braten
250 g chinesische Eiernudeln (Mie-Nudeln)
Salz
1 kleine Möhre
1 kleine rote Paprika
50 g Zuckerschoten
80 g Sojabohnensprossen
4 Frühlingszwiebeln
1 EL Austernsauce
1 TL geröstetes Sesamöl
Zucker
gemahlener weißer Pfeffer

–

Für 2 Personen
25 Min. Zubereitungszeit
45 Min. Marinieren
Pro Portion ca. 965 kcal

1 Das Rindersteak trocken tupfen und in schmale Streifen schneiden. Knoblauch schälen und fein würfeln. Die Hälfte davon mit 1 TL Sojasauce und 1 TL Öl verrühren, das Fleisch damit mischen und ca. 45 Min. ziehen lassen.

2 Die Nudeln nach Packungsanweisung in leicht gesalzenem Wasser bissfest garen, dann in ein Sieb abgießen und abtropfen lassen. Möhre schälen und in ca. 5 cm lange Stifte (Julienne) schneiden. Paprika waschen, halbieren, putzen und längs in Streifen schneiden. Zuckerschoten waschen, putzen, die Schoten schräg halbieren. Die Sprossen in einem Sieb kalt abbrausen und abtropfen lassen. Frühlingszwiebeln waschen, trocken schütteln und die weißen und grünen Teile getrennt in 2 cm dicke Ringe schneiden. Die übrige Sojasauce mit der Austernsauce und dem Sesamöl verrühren. Mit 2–3 Prisen Salz, ¼ TL Zucker und ¼ TL gemahlenem Pfeffer würzen.

3 Das Fleisch in einem Wok oder einer beschichteten Pfanne mit übrigem Öl unter Rühren rundum anbraten. Mit einem Schaumlöffel herausheben. Dann Möhre, Paprika und weiße Zwiebelringe unter Rühren 2–3 Min. braten. Zuckerschoten und übrigen Knoblauch zugeben und 1–2 Min. weiterbraten. Nudeln zugeben, Würzsauce darübergießen und alles gut verrühren, so 1–2 Min. braten. Fleisch samt Bratensaft und Sprossen zugeben und 1–2 Min. weiter rührbraten, bis alles heiß und mit Sauce überzogen ist. Frühlingszwiebelgrün unterheben und servieren.

IT'S MAGIC!

Für besonders zartes, saftiges Fleisch nutze ich den besonderen Steak-Trick. Fleisch soll bekanntlich erst nach dem Braten gesalzen werden. Denn Salz entzieht ihm Wasser, es wird trocken und zäh. Stimmt – aber nur, wenn es erst kurz vor dem Braten gesalzen wird. Steht es länger, greift das ausgetretene Salzwasser die Fleischoberfläche an und dringt wieder zurück ins Fleisch ein; das Steak wird saftig und gleichmäßig leicht salzig gewürzt. Statt der magischen Prise Salz wirkt hier Sojasauce, die ebenfalls reichlich Salz und Aroma enthält.

TORTIGLIONI MIT TINTENFISCH

400 g küchenfertige Tintenfischtuben (Kalmare; frisch oder TK)
1 große Zwiebel
2 Knoblauchzehen
4 EL Olivenöl
Salz | Pfeffer
75 ml Weißwein (ersatzweise Wasser + 1 EL Zitronensaft)
1 Dose stückige Tomaten (400 g)
Chiliflocken
Zucker
½ Bund Petersilie
30 g kleine schwarze Oliven mit Stein (z. B. Taggiasca-Oliven)
250 g Tortiglioni (ersatzweise Calamarata)

–

Für 2 Personen
20 Min. Zubereitungszeit
45 Min. Garen
Pro Portion ca. 955 kcal

1 Tintenfische gegebenenfalls auftauen lassen. In einem Sieb kalt abbrausen, abtropfen lassen und trocken tupfen. Die Tuben in ca. 5 mm dicke Ringe schneiden und diese nochmals gründlich trocken tupfen. Zwiebel und Knoblauch schälen und getrennt fein würfeln.

2 In einem Topf das Olivenöl erhitzen und die Tintenfische darin unter gelegentlichem Rühren leicht braun anbraten. Dann salzen, pfeffern und mit einem Schaumlöffel herausnehmen. Die Zwiebeln in das verbliebene Öl geben und bei mittlerer Hitze glasig dünsten, gegen Ende den Knoblauch unterrühren. Mit Wein oder derselben Menge Wasser und Zitronensaft ablöschen. Die Tomaten und die Tintenfische zugeben, mit Salz, Pfeffer und Chiliflocken würzen. Zugedeckt bei kleiner Hitze 30 Min. schmoren lassen, dabei zwischendurch umrühren und gegebenenfalls wenig Wasser zugeben. Die Tintenfische mit 1–2 Prisen Zucker abschmecken.

3 Inzwischen Petersilie waschen, trocken schütteln, Stiele und Blättchen getrennt klein schneiden. Petersilienstiele und Oliven in die Sauce einrühren und alles offen 10–15 Min. weitergaren. Währenddessen Nudeln nach Packungsanweisung in Salzwasser al dente garen, abgießen und abtropfen lassen, dabei etwas Kochwasser auffangen. Nudeln mit Petersilie und, falls nötig, ein paar Löffeln Kochwasser unter die Sauce rühren, kurz ziehen lassen, dann servieren.

IT'S MAGIC!

Einen Augenblick zu lange gebraten und Tintenfische werden zäh wie Gummi. Kein Wunder, denn ab etwa 60° zieht sich Muskelkollagen zusammen. Dagegen hilft wiederum längere, konstante Hitze. Schmoren die Tintenfische gemütlich vor sich hin, verwandelt sich das feste Kollagen in butterzarte Gelatine!

GANZ KREATIV

SAFRANNUDELN MIT MIESMUSCHELN

500 g küchenfertige Miesmuscheln
2 Stangen Staudensellerie
1 große Möhre
1 kleine Zwiebel
1 Knoblauchzehe
5 EL Olivenöl
Salz | Pfeffer
100 ml trockener Wermut (z. B. Noilly Prat; ersatzweise Fischfond aus dem Glas)
1 Zweig Thymian
½ Lorbeerblatt
250 g Linguine
Salz
1 Döschen Safran (0,1 g)
5 Stängel Petersilie

–

Für 2 Personen
45 Min. Zubereitungszeit
Pro Portion ca. 770 kcal

1 Muscheln in kaltem Wasser gründlich sauber bürsten, »Bärte«, Kalkreste und andere Ablagerungen mit einem Messer abkratzen. Nochmals gründlich durchspülen, geöffnete Exemplare wegwerfen.

2 Selleriestangen waschen, längs dritteln und in ca. 5 mm große Stücke schneiden. Möhre schälen und putzen und 4 mm groß würfeln. Zwiebel schälen und fein würfeln, Knoblauch schälen und in Scheiben schneiden. Olivenöl in einer großen Pfanne mit hohem Rand erhitzen, darin Zwiebel goldgelb dünsten. Möhre, Sellerie und Knoblauch zugeben und unter Rühren bei mittlerer Hitze ca. 2 Min. mitdünsten, salzen und pfeffern.

3 Temperatur erhöhen, Muscheln zugeben und 1–2 Min. bei großer Hitze unter Rühren braten. Mit Wermut oder Fond ablöschen, Thymian kalt abbrausen und mit Lorbeerblatt zugeben. Zugedeckt 5–8 Min. bei mittlerer Hitze garen, bis die Muscheln sich geöffnet haben. Gleichzeitig Nudelwasser aufsetzen und Linguine nach Packungsanweisung in Salzwasser gerade bissfest garen.

4 Während die Nudeln garen, Pfanneninhalt in ein Sieb abgießen, dabei Garsud auffangen und zurück in die Pfanne geben. Safran fein zerbröseln, mit 5 EL Nudelkochwasser unterrühren und den Sud bei großer Hitze 2–3 Min. einkochen lassen. Währenddessen einen Großteil der Muscheln aus den

Schalen lösen, geschlossene Exemplare wegwerfen. Lorbeerblatt und Thymian aus dem Gemüse fischen.

5 Nudeln in ein Sieb abgießen und abtropfen lassen. Mit ausgelösten Muscheln und Gemüse unter den Safransud mischen und bei kleiner Hitze 1–2 Min. ziehen lassen, dabei mehrmals durchmischen. Petersilie waschen, trocken schütteln, Blättchen abzupfen und mit den Muscheln in den Schalen unterheben, sofort servieren.

Mein Zaubertrick

für vollaromatische Pasta

Nudeln auf den Teller, Sauce drüber, fertig? Das bringt in Sachen Aroma nicht viel. Lieber die Nudeln 1–2 Min. kürzer als angegeben garen, bis sie gerade bissfest sind. Dann in die Sauce geben und 1–2 Min. nachziehen lassen. Das bringt in diesem Fall neben viel Safranaroma eine ganz zauberhafte Farbe – blasse Nudeln erstrahlen in leuchtendem Gelb!

ZUCCHINI-NUDELN MIT ZIEGENKÄSE-CREME

2 kleine Zucchini
1 Knoblauchzehe
5 Stängel Petersilie
120 g cremiger Ziegenfrischkäse
2 EL Sahne
Salz
frisch gemahlener schwarzer Pfeffer
250 g Spaghetti
4 EL Haselnussblättchen
3 EL Olivenöl
4 EL Weißwein (ersatzweise 2–3 Spritzer Zitronensaft)
–
Für 2 Personen
25 Min. Zubereitungszeit
Pro Portion ca. 1.030 kcal

1 Zucchini waschen, putzen, längs vierteln und die Viertel in ca. 6 mm dicke Stücke schneiden. Knoblauch schälen und würfeln. Petersilie waschen, trocken schütteln, Blättchen abzupfen und grob zerschneiden. Ziegenfrischkäse mit Sahne glatt rühren, leicht salzen und kräftig pfeffern.

2 Spaghetti nach Packungsanweisung in Salzwasser al dente garen. Währenddessen Haselnussblättchen in einer beschichteten Pfanne ohne Fett rösten, bis sie leicht bräunen und duften, dann herausnehmen. Öl in die Pfanne geben, darin die Zucchini bei großer Hitze rundum braun braten, salzen und pfeffern. Gegen Ende Knoblauch zugeben und mitdünsten. Mit Wein oder derselben Menge Wasser und Zitronensaft ablöschen und bei kleiner Hitze weitere 3–5 Min. garen, dann warm halten.

3 Die Nudeln in ein Sieb abgießen und abtropfen lassen, dabei das Kochwasser auffangen. 3 EL Kochwasser mit dem Ziegenkäse verrühren. Die Nudeln zu den Zucchini in die Pfanne geben, Ziegenkäse-Creme, einen Teil Petersilie und Nüsse dazugeben und alles mischen. Falls nötig, noch etwas Kochwasser unterrühren. Auf Teller verteilen und mit übriger Petersilie und Nüssen bestreuen.

Meine Prise Magie

für einen Tick Schärfe

Zucchini sind nicht gerade Geschmacksbomben und auch Ziegenkäse ist eher mild. Darum streue ich als Scharf-Fan gerne noch ein paar Chiliflocken über das fertige Gericht – gerne auch geräucherte!

Meine Zauberidee

für dieses Rezept

Wie bringe ich Aroma an geschmacksneutrale Zucchini? Kräftig braun anbraten, damit Wasser verdunsten und dafür eine Würze aus Knoblauch und Wein einziehen kann.

IT'S MAGIC!

Hex, hex – in nicht einmal 10 Min. verbinden sich Sauce, Fleisch und Nudeln zu einem Aromakracher, der einer stundenlang geschmorten Bolognese in nichts nachsteht. Die chilischarfe, fermentierte koreanische Gochujang-Paste, Sojasauce und Tomatenmark bringen konzentrierten Umami-Geschmack, der durch die Röst- und Karamellaromen beim scharfen Anbraten noch gesteigert wird. Da freuen sich die gemütlich weichen Udon-Nudeln schon auf das Aromabad und saugen sich gierig voll!

UDON-NUDELN MIT CHILI-HACK

3 EL Sojasauce
3 EL Reisessig (ersatzweise Weißweinessig)
1 ½ EL Zucker
2 EL Gochujang-Paste
2 Knoblauchzehen
20 g frischer Ingwer
1 Bund Frühlingszwiebeln
½ Bund Koriandergrün
100 g TK-Edamame
Salz
300 g frische Udon-Nudeln (vakuumverpackt)
3 EL Olivenöl
250 g gemischtes Hackfleisch
1 ½ EL Tomatenmark
–
Für 2 Personen
30 Min. Zubereitungszeit
Pro Portion ca. 1.230 kcal

1 Sojasauce, Reisessig und Zucker verrühren, bis sich der Zucker aufgelöst hat, dann mit Gochujang-Paste und 2 EL Wasser glatt verrühren. Knoblauch und Ingwer schälen und fein hacken. Frühlingszwiebeln putzen, waschen, trocken schütteln, den weißen und grünen Teil getrennt in etwas breitere Ringe schneiden. Koriander waschen, trocken schütteln, Blättchen abzupfen und grob zerschneiden.

2 Edamame in leicht gesalzenem Wasser 8–10 Min. garen, in ein Sieb abgießen und warm halten. Währenddessen Udon-Nudeln in einen Topf geben und mit kochend heißem Wasser übergießen. 2–3 Min. stehen lassen, dabei vorsichtig mit einer Gabel auflockern, in ein Sieb gießen und abtropfen lassen.

3 In einer beschichteten Pfanne das Öl stark erhitzen, darin das Hackfleisch krümelig braun braten, dabei zwischendurch mit einem Holzlöffel zerteilen. Leicht salzen, Tomatenmark, weiße Zwiebelringe, Ingwer und Knoblauch unterrühren und weitere 1–3 Min. unter Rühren bei mittlerer Hitze rösten. Würzsauce zugeben und 1–2 Min. alles untereinanderrühren. Edamame und Nudeln zugeben und weitere 2–3 Min. vorsichtig rühren, bis alles heiß ist und sich gut verbindet. Zwiebelgrün und Koriander unterheben und sofort servieren.

ORIENTNUDELN MIT KICHERERBSEN

1 Glas Kichererbsen (ca. 220 g Abtropfgewicht)
1 (Saft-)Orange
60 g Baby-Spinat
300 g Auberginen
1 Knoblauchzehe
200 g Girandole (ersatzweise Fusilli)
Salz
5 EL Olivenöl
Pfeffer
½ TL gemahlener Kreuzkümmel
1 TL Ras el Hanout (orientalische Gewürzmischung)
3 Spritzer Zitronensaft
–
Für 2 Personen
40 Min. Zubereitungszeit
Pro Portion ca. 775 kcal

1 Kichererbsen in ein Sieb abgießen und abtropfen lassen. Orange halbieren, Saft auspressen. 80 g Kichererbsen mit der Hälfte Orangensaft pürieren. Spinat waschen, verlesen und trocken schütteln. Auberginen waschen, putzen und 2 cm groß würfeln. Knoblauch schälen und in Scheiben schneiden.

2 Die Nudeln nach Packungsanweisung in kochendem Salzwasser al dente garen. Gleichzeitig die Auberginen in 3–4 EL Öl braun braten, gegen Ende Knoblauch zugeben. Salzen, pfeffern und herausnehmen. Übriges Öl nachgießen, die restlichen Kichererbsen (ca. 140 g), Kreuzkümmel und Ras el Hanout zugeben und kurz unter Rühren anrösten. Mit übrigem Orangensaft ablöschen und bei kleinster Hitze 5 Min. garen. Dabei, falls nötig, gerade so viel Nudelkochwasser zugeben, dass nichts anbrennt.

3 Knoblauch aus den Auberginen fischen und zu den pürierten Kichererbsen geben. 100 ml Nudelkochwasser abnehmen, zugießen. Alles zu einer cremigen, leicht flüssigen Sauce pürieren. Mit Salz, Pfeffer und 2–3 Spritzern Zitronensaft abschmecken.

4 Auberginen und Spinat zu den Kichererbsen in die Pfanne geben, Spinat bei großer Hitze zusammenfallen lassen. Nudeln abgießen, dabei Kochwasser auffangen. Nudeln in die Pfanne geben, Kichererbsensauce darübergießen und alles gründlich mischen. Mit Salz und Pfeffer abschmecken, falls nötig, etwas Nudelwasser untermischen.

Meine Zauberformel

für Auberginen »light«

Auberginen haben die Angewohnheit, sich beim Braten mit Fett vollzusaugen. Darum brate ich sie erst richtig heiß an und reduziere dann die Hitze. Mit einem Holzlöffel drücke ich sie nun leicht zusammen. So bricht die Zellstruktur auf und enthaltenes Wasser tritt aus – dafür kann aber auch kein Fett mehr eindringen!

SOBANUDELN MIT TERIYAKI-LACHS

Meine Prise Magie

in diesem Rezept

Japanische Sobanudeln sind inzwischen in Bio-oder Asien-Läden leicht zu finden. Sie werden vollständig oder teilweise aus Buchweizenmehl hergestellt und haben darum einen ganz eigenen, leicht nussigen Geschmack. Dieser lässt sich mit Sesam verstärken – am besten gleich im Doppelpack in Form von Samen und Öl, das aus gerösteten Körnern gemacht wird.

2 EL Sesam
15 g frischer Ingwer
2 Knoblauchzehen
2 EL Zucker
3 EL Sake (Reiswein; ersatzweise trockener Sherry)
8 EL Sojasauce
2 Stücke Lachsfilet ohne Haut (à ca. 150 g)
Salz | Pfeffer
300 g Pak Choi (möglichst kleine Stauden)
2 Frühlingszwiebeln
150 g Sobanudeln (jap. Buchweizennudeln)
2 EL Rapsöl
Saft von 1 (Saft-)Orange
2 EL geröstetes Sesamöl

–

Für 2 Personen
30 Min. Zubereitungszeit
Pro Portion ca. 985 kcal

1 Sesam in einer Pfanne ohne Fett rösten, bis er duftet, herausnehmen und abkühlen lassen. Ingwer und 1 Knoblauchzehe schälen, beides in Scheiben schneiden, mit Zucker, Sake und 5 EL Sojasauce verrühren und ziehen lassen. Lachs kalt abbrausen, trocken tupfen, leicht salzen und pfeffern.

2 Währenddessen Pak Choi waschen, putzen und in einzelne Blätter teilen. Den weißen und grünen Teil getrennt quer in ca. 2 cm breite Streifen schneiden. Frühlingszwiebeln putzen, waschen, trocken schütteln und mit dem Grün in Ringe schneiden. Sobanudeln nach Packungsanweisung in leicht gesalzenem Wasser garen, dann abgießen und abtropfen lassen.

3 Die weißen Pak-Choi-Stücke in 1 EL Rapsöl erhitzen und unter Rühren anbraten. Mit übriger Sojasauce (3 EL) ablöschen. Die Orange halbieren und auspressen. Knapp die Hälfte des Orangensafts zugeben und alles 2–3 Min. bei mittlerer Hitze garen. Grüne Pak-Choi-Blätter zugeben und unter Rühren zusammenfallen lassen. Das Gemüse zugedeckt warm halten.

4 Gleichzeitig übriges Rapsöl (1 EL) in einer kleinen beschichteten Pfanne erhitzen und den den Lachs darin beidseitig jeweils 3–4 Min. bei mittlerer Hitze braten. Vorsichtig herausheben. Die Würzsauce und den übrigen Orangensaft in die Pfanne gießen und bei großer Hitze sirupartig einkochen lassen. Die Hitze reduzieren, den Lachs hineinlegen und darin schwenken, dabei mit etwas Sauce begießen und so 1 Min. weitergaren, bis er von Sauce überzogen ist.

5 Nudeln, Sesamöl und jeweils die Hälfte Sesam und Zwiebelringe unter den Pak Choi mischen und auf Schalen verteilen. Lachs mit einer Gabel zerteilen, die Stücke noch mal in der Sauce schwenken und auf den Nudeln verteilen. Mit übrigem Sesam und Zwiebelringen bestreuen.

FUSILLI MIT RADICCHIO

80 g Pancetta (in 2 dicke Scheiben geschnitten)
300 g Radicchio
1 Knoblauchzehe
250 g Fusilli
Salz
1 EL Olivenöl
Zucker
2 EL Aceto balsamico
120 g Sahne
Pfeffer
frisch geriebener Parmesan zum Bestreuen

–

Für 2 Personen
25 Min. Zubereitungszeit
Pro Portion ca. 770 kcal

1 Pancetta klein würfeln. Äußere, unschöne Blätter vom Radicchio entfernen, dann den Kopf längs vierteln, den Strunk keilförmig herausschneiden, und die Radicchio-Viertel quer in 1,5 cm breite Streifen schneiden. Die Radicchio-Streifen in einem Sieb waschen und abtropfen lassen. Den Knoblauch schälen und in Scheiben schneiden.

2 Fusilli nach Packungsanweisung in Salzwasser gerade knapp al dente garen. Währenddessen Öl und Pancetta in eine beschichtete hohe Pfanne geben und langsam erhitzen, dann bei mittlerer Hitze braten, bis die Pancettastücke knusprig und gebräunt sind, dabei nach einiger Zeit den Knoblauch zugeben. Mit einem Schaumlöffel herausnehmen und auf Küchenpapier abtropfen lassen. Bratfett bis auf einen ausreichenden Rest abgießen.

3 Verbliebenes Fett erhitzen, Radicchio zugeben, ½ TL Zucker darüberstreuen und unter Rühren bei großer Hitze knapp zusammenfallen lassen. Mit Balsamico ablöschen, diesen einkochen lassen, dann Sahne zugießen, salzen, pfeffern und weitere 3–5 Min. offen garen, gegen Ende mit Zucker abschmecken. Nudeln abgießen, dabei Kochwasser auffangen und abtropfen lassen. Nudeln und einen Teil Pancetta in die Pfanne geben, alles gut mischen, falls nötig, etwas Kochwasser unterrühren und alles 1 Min. ziehen lassen. Mit übriger Pancetta bestreuen und mit Parmesan servieren.

IT'S MAGIC!

Echt bitter, selbst Hitze kann den in Radicchio enthaltenen Bitterstoffen wenig anhaben. Damit die Pasta spannend, aber nicht herb schmeckt, tarnen wir das Bittere einfach mit Zucker und reichlich Umami-Geschmack in Form von Speck. Mit dem Fett von Speck und Sahne lassen sich noch andere Aromen wachkitzeln, die die bitteren Noten ebenfalls in den Hintergrund drängen. Die meisten Bitterstoffe sitzen übrigens im Strunk und den unteren weißen Blattrippen. Wer sie also gleich beim Putzen entfernt, ist garantiert auf der sicheren Seite.

Ein paar magische Zahlen

NUDELN PERFEKT KOCHEN

GANZ VIEL WASSER

Nudeln brauchen Bewegung. Nur in ausreichend kochendem Wasser können sie frei wirbelnd garen, ohne zusammenzukleben. Die magische Formel lautet: mindestens ein Liter Wasser für 100 Gramm Nudeln. Wenn sie in den Topf kommen, darf es also so richtig blubbern und sprudeln. Durch die Zugabe der kalten Nudeln fällt kurzzeitig die Temperatur, sie sinken auf den Topfboden und bleiben dort bei zu geringer Hitze liegen und schlimmstenfalls kleben. Auch hier ist viel Wasser von Vorteil: Je größer die Menge, desto geringer der Abkühleffekt.

DIE PASSENDE TEMPERATUR

Energiesparen ist prima, beim Nudelkochen aber weniger angesagt: Erst ab etwa 65° beginnt die enthaltene Stärke zu quellen und zu platzen, was letztlich für die angenehm gummiartig-weiche Konsistenz von Nudeln sorgt. Gleichzeitig beginnt bei dieser Temperatur auch enthaltenes Gluten zu arbeiten und die noch nicht vollständig gequollene Stärke einzuzwängen. Um der Stärke den nötigen Raum und Vorsprung zu sichern, heißt es also: Hitze hoch! Ideal sind rund 100° – leicht daran zu erkennen, dass das Wasser dann sprudelnd kocht.

REICHLICH SALZ

Etwa 1 TL Salz pro 1 Liter Wasser darf es ruhig sein, damit Nudeln nicht fade schmecken. Zusätzlich verhindert Salz, dass die Stärke der Nudeln beim Garen zu viel Wasser aufnimmt und sie zu weich oder gar matschig werden. Sie quellen gerade ausreichend und bleiben al dente. Kleiner magischer Küchentrick: Das Wasser immer erst salzen, wenn es bereits kocht. Salzwasser hat einen niedrigeren Siedepunkt, daher braucht vorab gesalzenes Wasser länger, bis es kocht.

MIT GESCHMACK GAREN

Nudeln wollen nicht nur mit Wasser gekocht werden. Besser ruhig 1–2 Minuten kürzer als auf der Packung angegeben gerade gut al dente garen, in ein Sieb abgießen, sofort mit Sauce mischen und darin nachziehen lassen. So bekommen sie nicht nur die richtige Konsistenz, sondern auch reichlich Aroma ab. Dann ist der beste Zeitpunkt, um das nun komplette Nudelgericht noch mal abzuschmecken. Ist die Sauce zu dünn oder zu dick? In beiden Fällen helfen ein paar Löffel stärkehaltiges Nudelwasser, das leicht bindet oder in größerer Menge streckt.

TOPINAMBUR-TAGLIATELLE MIT GREMOLATA

30 g Walnusskerne
½ Bio-Zitrone
8 Stängel Petersilie
5 Zweige Thymian
1 kleiner Zweig Rosmarin
2 EL frisch geriebener Parmesan
300 g (Bio-)Topinambur
250 g Tagliatelle
Salz
1 Knoblauchzehe
5 EL Olivenöl
Pfeffer
2 Spritzer Zitronensaft
–
Für 2 Personen
35 Min. Zubereitungszeit
Pro Portion ca. 885 kcal

1 Für die Gremolata Walnüsse in einer Pfanne ohne Fett rösten, bis sie duften und leicht bräunen. Herausnehmen, abkühlen lassen und fein hacken. Zitrone heiß waschen, abtrocknen und die Schale fein abreiben. Petersilie, Thymian und Rosmarin waschen, trocken schütteln und getrennt fein hacken. Die Hälfte des Thymians beiseitelegen, den Rest mit den übrigen Kräutern, Zitronenschale, Walnüssen und Parmesan mischen.

2 Topinambur gründlich waschen und sauber bürsten, dann die Knollen in ca. 4 mm dicke Scheiben schneiden, dabei die Schale an den beiden Enden jeweils wegschneiden. Die Nudeln nach Packungsanweisung in Salzwasser al dente garen.

3 Gleichzeitig Knoblauch schälen und in Scheiben schneiden. 3 EL Öl in einer beschichteten Pfanne erhitzen, darin den Topinambur bei kleiner Hitze in 10–15 Min. goldbraun braten, dabei zwischendurch mehrmals wenden und in den letzten 5 Min. Knoblauch und übrigen Thymian unterrühren, salzen und pfeffern. Gegen Ende mit 1–2 Spritzern Zitronensaft abschmecken.

4 Die Nudeln in ein Sieb abgießen, kurz abtropfen lassen und zum Topinambur in die Pfanne geben. Alles mit übrigem Öl und der Hälfte Gremolata durchmischen. Die Nudeln auf Teller verteilen und mit restlicher Gremolata bestreuen.

IT'S MAGIC!

Topinambur enthält reichlich Inulin – einen Mehrfachzucker, der wunderbarerweise nicht dick macht: Er zählt zu den Ballaststoffen, die unser Körper ungenutzt ausscheidet. Und: Der in Topinambur enthaltene Zucker lässt sich in viel Geschmack verwandeln. Langsam gebraten karamellisiert er und sorgt für erdig-süßliche Aromen.

Meine Prise Magie

in diesem Rezept

Der wohlig-warmen Süße des Topinamburs setze ich gerne herbere und frische grüne Noten in Form von Thymian, Rosmarin und Petersilie entgegen. Und weil ich Schärfe als Kontrast liebe, würze ich den Topinambur gerne noch mit Chiliflocken oder Pul Biber.

ROTE-BETE-NUDELN MIT SCHAFSKÄSE

180 g Rote Bete
1 kleine Zwiebel
1 Knoblauchzehe
2 EL Olivenöl
2 EL Weißweinessig
Salz | Pfeffer
2 Prisen getrockneter Majoran
4 EL Walnusskerne
250 g Spaghetti
200 g Schafskäse (z. B. Feta)
2 Stängel Dill
½ Bund Rucola
½ Zitrone
–
Für 2 Personen
40 Min. Zubereitungszeit
Pro Portion ca. 1.140 kcal

1 Rote Bete schälen und auf der Rohkostreibe grob raspeln, dabei Gummihandschuhe tragen, denn sie färben! Zwiebel und Knoblauch schälen und würfeln. Öl in einem Topf erhitzen, darin Zwiebel und Knoblauch andünsten. Rote Bete zugeben und unter Rühren 1 Min. andünsten, mit Essig ablöschen. 125 ml Wasser zugießen, mit Salz, Pfeffer und Majoran würzen und in 20–25 Min. zugedeckt weich garen. Falls nötig, wenig Wasser zugeben.

2 Inzwischen Walnüsse in einer Pfanne ohne Fett rösten, bis sie bräunen. Herausnehmen, abkühlen lassen und grob hacken. Spaghetti nach Packungsanweisung in Salzwasser al dente garen, abgießen – dabei etwas Kochwasser auffangen – und abtropfen lassen. Schafskäse mit einer Gabel zerbröckeln. Dill waschen, trocken schütteln, Spitzen grob zerschneiden. Feta, Dill und Walnüsse mischen. Rucola waschen, trocken schütteln, grobe Stiele wegschneiden, die Blätter in 3 cm lange Stücke schneiden. Zitronenhälfte halbieren, eine Hälfte davon auspressen, die andere noch mal halbieren.

3 Nudeln unter die Roten Bete mischen, bis sie eine dunkelrote Farbe angenommen haben. Falls nötig, wenig Kochwasser zugeben. Rucola unterheben und die Pasta mit Salz, Pfeffer und 1–2 TL Zitronensaft abschmecken. Auf Teller verteilen und die Schafskäsemischung darauf häufen. Mit den Zitronenstücken zum Beträufeln servieren.

IT'S MAGIC!

Rote Bete enthalten Betanin – einen natürlichen Farbstoff, der unter der Bezeichnung E 162 in vielen Lebensmitteln zu finden ist. Mit ihm lassen sich Nudeln – abrakadabra – blitzschnell blutrot färben. Durch das Garen verliert das nicht hitzebeständige Betanin allerdings an Leuchtkraft. Um diese zu erhalten, genügt ein kleiner Trick: ein wenig Säure in Form von etwas Essig, der ein passendes Gegengewicht zum süßlich-herben Geschmack der Knollen bildet. Sollten deine Hände beim Verarbeiten doch etwas Farbe abbekommen haben – mit Zitronensaft verschwindet sie blitzschnell!

Register

A/B

C

E/F

G/H

K/L

M

N/O

P

AUTORIN UND FOTOGRAFIN

des unendlichen Nudelglücks

TANJA DUSY

Was ist die Zauberformel für ein rundum gelungenes Gericht? Auf welch magische Weise entfalten Zutaten ihren besten Geschmack? Seit mehr als zwei Jahrzehnten geht die Autorin und ehemalige GU-Redakteurin Tanja Dusy diesen Fragen auf den Grund: am eigenen Herd, auf Reisen und durch Beschäftigung mit vielfältigsten Disziplinen, die über den engeren Küchenhorizont hinausreichen. Neues entdecken, dazulernen und ihr Wissen weitergeben sind dabei ihre ständige Motivation.

JULIA HOERSCH

... ist eine vielfach ausgezeichnete Fotografin, die seit vielen Jahren in Hamburg für zahlreiche renommierte Magazine, Agenturen und Buchverlage arbeitet. Zusammen mit Katja Baum (Foodstyling) und Miriam Geyer (Requisite) setzte sie die Pasta- und Nudelrezepte stimmungsvoll – geradezu magisch! – in Szene.

www.juliahoersch.de

APPETIT AUF MEHR?

ISBN 978-3-8338-6853-5

ISBN 978-3-8338-8318-7

ISBN 978-3-8338-2260-5

ISBN 978-3-8338-6617-3

ISBN 978-3-8338-4430-0

ISBN 978-3-8338-5889-5

Alle hier vorgestellten Bücher sind auch als eBook erhältlich.

G|U

Mehr von GU auf **www.gu.de** und **facebook.com/gu.verlag**

Impressum

GU ist eine eingetragene Marke der GRÄFE UND UNZER VERLAG GmbH, www.gu.de

ISBN 978-3-8338-8683-6
1. Auflage 2022

Projektleitung: Alessandra Redies
Lektorat: Nathalie Künzl
Korrektorat: Andrea Lazarovici
Gesamtgestaltung: ki36 Editorial Design, Sabine Krohberger, München
Herstellung: Petra Roth
Satz: Reemers Publishing Services GmbH
Reproduktion: medienprinzen GmbH
Druck + Bindung: Firmengruppe APPL, aprinta druck, Wemding
Printed in Germany

GRÄFE UND UNZER

Ein Unternehmen der
GANSKE VERLAGSGRUPPE

Bildnachweis:
Julia Hoersch: alle Fotos im Innenteil außer:
Getty Images/Food Director mackinpo: Coverfoto;
Picture People: Autorinnenporträt S. 04;
The Noun Project: Piktogramme S. 04–05, 55

Umwelthinweis:
Nachhaltigkeit ist uns sehr wichtig. Der Rohstoff Papier ist in der Buchproduktion hierfür von entscheidender Bedeutung. Daher ist dieses Buch auf PEFC-zertifiziertem Papier gedruckt. PEFC garantiert, dass ökologische, soziale und ökonomische Aspekte in der Verarbeitungskette unabhängig überwacht werden und lückenlos nachvollziehbar sind.

Syndication: www.seasons.agency

Die GU-Homepage finden Sie unter
www.gu.de

QUALITÄTS GU GARANTIE

LIEBE LESERINNEN UND LESER,

wir wollen Ihnen mit diesem Buch Informationen und Anregungen geben, um Ihnen das Leben zu erleichtern oder Sie zu inspirieren, Neues auszuprobieren. Wir achten bei der Erstellung unserer Bücher auf Aktualität und stellen höchste Ansprüche an Inhalt und Gestaltung. Alle Anleitungen und Rezepte werden von unseren Autoren, jeweils Experten auf ihren Gebieten, gewissenhaft erstellt und von unseren Redakteur*innen mit größter Sorgfalt ausgewählt und geprüft.

Haben wir Ihre Erwartungen erfüllt? Sind Sie mit diesem Buch und seinen Inhalten zufrieden? Wir freuen uns auf Ihre Rückmeldung. Und wir freuen uns, wenn Sie diesen Titel weiterempfehlen, in Ihrem Freundeskreis oder bei Ihrem Online-Kauf.

Sollten wir Ihre Erwartungen so gar nicht erfüllt haben, tauschen wir Ihnen Ihr Buch jederzeit gegen ein gleichwertiges zum gleichen oder ähnlichen Thema um.

KONTAKT ZUM LESERSERVICE

GRÄFE UND UNZER VERLAG
Grillparzerstraße 12
81675 München
www.gu.de